Unter dem Namen

corona

erscheinen Sachbücher für Kinder von 4 bis 14 Jahren.

Dieses Logo bietet Erstlesern, leseschwachen Kindern und Lehrern und Lehrerinnen online eine zusätzliche Hilfe zu diesem Buch.

Verwenden Sie dafür den Code auf **www.coronalesen.de**

54370

Wie wird Milch gemacht?

John Malam

corona
Ars Scribendi Uitgeverij

Übersetzung: Ann-Catrin Windler, BVK Buch Verlag Kempen GmbH
DTP deutsche Ausgabe: Freek Kuijstermans

Produktion Capstone Global Library: Dan Nunn, Diyan Leake, Cynthia Della-Rovere, Mica Brancic und Alison Parsons. *Gedruckt in China.*

ISBN 978-94-6175-437-0

Kontaktieren Sie redactie@arsscribendi.com oder besuchen Sie **www.arsscribendi.com/de**. Fragen zu den Veröffentlichungen von Ars Scribendi richten Sie bitte an den Herausgeber.
Der Herausgeber übernimmt keine Verantwortung für Fehler oder Missverständnisse.

Rechenschaftspflicht
Der Herausgeber dankt den folgenden Personen und Organisationen für ihre Erlaubnis, ihr Material in dieser Publikation zu verwenden und zu publizieren: © Alamy: 4 David Page, 13 Photofusion Picture Library, 14 Norman West, 18 Leslie Garland Picture Library, 19 Nigel Cattlin, 22 Flatbread Images, LLC/Thom Gourley, 23 pixel shepherd, 25 Christine Whitehead, 26 Art Directors & TRIP; © Corbis: 11 Helen King, 27 und 28 Moodboard; © Science Photo Library: 24 James King-Holmes; © Shutterstock: Vorderseitenbild (ein Glas Milch und Kuhfell), 1 und 31 unten Sandra Gligorijevic, 5 Dmitriy Shironosov, 6 Kevin Day, 7 EcoPrint, 8 und 29 oben Holbox, 9 Nancy Gill, 10 und 31 oben Bioraven, 12 Mark Yuill, 17 und 29 unten Zirconicusso, 20 Lucky_Li; © Tetra Pak: 21 Lamination Department, Lund, Sweden; © Yeo Valley: 15, 16 und 31 Mitte.

Mehr Informationen über unser Programm finden Sie auf **www.arsscribendi.com/de**.
Bestellen können Sie über unsere Webseite oder über den Buchhandel.

Über den Autor:
John Malam schreibt Sachbücher für Kinder jeden Alters. Er hat mehr als 200 Bücher zu den unterschiedlichsten Themen veröffentlicht.

Über die fachliche Expertin:
Amanda Ball ist Leiterin des Bereichs Marketing und Kommunikation bei MilkCo, einer gemeinnützigen Organisation, die sich für britische Milchbauern einsetzt.

Inhalt

Manche Wörter im Text sind **fett gedruckt**.
Im Glossar findest du heraus, was sie bedeuten.

Was ist Milch?

Milch ist eine Flüssigkeit, die im Körper von weiblichen **Säugetieren** gebildet wird. Dazu gehören der Mensch ebenso wie Kühe, Ziegen oder Schafe. Sie füttern mit der Milch ihre Kinder, damit sie wachsen und gesund bleiben.

Diese Ziegenmutter säugt ihr Kind.

In Milch ist **Kalzium**. Das sorgt dafür, dass deine Knochen und Zähne gesund bleiben. Hast du dich schon mal gefragt, welchen Weg die Milch zurücklegt, um von der Kuh in deinen Kühlschrank zu kommen? Lies weiter und finde es heraus!

Milchkühe

Eine Kuh bekommt ihr erstes Kalb, wenn sie etwa fünf Jahre alt ist. Ab diesem Zeitpunkt gibt sie Milch. Eine Kuh, die Milch **produziert**, nennt man **Milchkuh**.

Ein Kalb ist das Junge einer Kuh.

Um Milch zu verkaufen, halten sich Bauern Milchkuh-**Herden**. Kleine Herden haben nur wenige Kühe. Größere Herden haben mehr als 100 Kühe. Es gibt viele **Rassen** von Milchkühen. Manche Rassen produzieren mehr Milch als andere.

Fressen, fressen, fressen!

Milchkühe sind hungrige Tiere. Eine erwachsene Kuh frisst täglich etwa 45 Kilogramm Futter. Eine Kuh verbringt etwa acht Stunden täglich mit Fressen und Trinken. Im Sommer fressen Kühe hauptsächlich frisches Gras auf den Weiden.

Kühe kauen ihr Futter ganz besonders lange.

Im Winter bleiben die Kühe in Ställen. Bauern füttern dann getrocknetes Gras (Heu) und Silofutter. Frisches Wasser brauchen die Kühe das ganze Jahr über.

Die Kuh wird gemolken

Eine Milchkuh speichert die Milch in ihrem **Euter**. Das Euter sieht aus wie ein großer Beutel, der unter der Kuh hängt. Eine Kuh gibt am Tag etwa 30 Liter Milch (**Rohmilch**). Das ist ganz schön viel!

Bauern melken ihre Kühe normalerweise zweimal täglich, einmal morgens und einmal abends. Die Kühe laufen zum **Melkstand**, wo Melkmaschinen die Milch aus ihren Eutern saugen. Eine Kuh zu melken, dauert zwischen 5 und 8 Minuten. Dann laufen die Kühe zurück auf die Weide oder in den Stall.

Dieser Bauer nutzt eine Maschine, um die Kühe zu melken.

Die Milch wird gesammelt

Die Bauern lagern die Rohmilch in einem großen Metalltank. Der Tank ist so kalt wie ein Kühlschrank. So bleibt die Milch frisch.

Der Metalltank kann sehr viel Milch speichern.

Jeden Tag holt ein Tanklaster die Rohmilch am Bauernhof ab. Er sammelt die Milch von verschiedenen Höfen ein. Wenn er voll ist, bringt er die Milch in die **Molkerei**.

In der Molkerei

In der Molkerei wird die Rohmilch der Kühe zu Milch **verarbeitet**, die wir Menschen trinken können. Die Rohmilch wird dazu vom Tanklaster in die Vorratsbehälter der Molkerei gepumpt.

Tanklaster fahren die Milch jeden Tag zur Molkerei.

Die Rohmilch wird in eine **Pasteurisierungs**-Maschine gepumpt. Die Maschine erhitzt die Milch stark und kühlt sie dann ganz schnell wieder ab. Dadurch werden alle schädlichen **Bakterien** getötet. So kann man die Milch problemlos trinken.

Der Rahm wird verteilt

Lässt man Rohmilch eine Weile stehen, bildet sich eine Schicht Rahm auf ihr. Um das zu vermeiden, wird die Milch **homogenisiert**. Das bedeutet, dass sie durch winzige Rohre gepresst wird.

Rohmilch wird mit Druck durch Rohre gepresst.

Wenn die Milch durch die Rohre gepresst wird, verteilt sich der Rahm gleichmäßig. Wenn man die Milch nun stehen lässt, schwimmt oben kein Rahm mehr.

Flaschen und Milchkartons

Die Milch kann in Flaschen aus Plastik oder Glas gefüllt werden. Man kann sie auch in Pappkartons verpacken.

Hier werden Glasflaschen mit Milch gefüllt.

In Deutschland verpackt man die Milch meistens in Kartons aus Pappe. In jeder Packung befindet sich normalerweise ein ganzer Liter Milch.

Milchpackungen

Milchpackungen werden aus dünner Pappe gemacht. Von innen wird die Pappe mit einer Plastikschicht überzogen. So kann die Pappe nicht aufweichen und die Milch bleibt sicher verpackt.

Wenn die Packungen in der Molkerei ankommen, sind sie noch flach. Eine Maschine faltet sie zu Kartons und füllt sie mit Milch.

Milchflaschen aus Plastik

Auf Milchflaschen aus Plastik findet man oft die Buchstaben HDPE. Sie sind meistens sehr klein und befinden sich unter dem **Recycling**-Symbol. Sie stehen für die Art von Plastik, die für die Flaschen benutzt wurde.

Diese durchsichtige Flasche wurde aus HDPE-Plastik gemacht.

HDPE eignet sich gut für Milchflaschen. Man kann dieses Plastik sehr gut formen, sodass die Flaschen genau in eine Kühlschranktür passen. Außerdem sind sie durchsichtig und du kannst sehen, wie viel Milch noch in der Flasche ist.

Die Milch wird abgefüllt

In der Molkerei wird die homogenisierte Milch in Flaschen und Packungen abgefüllt. Sie fließt durch Rohre in eine Füllmaschine.

Diese Plastikflaschen werden mit Milch gefüllt.

Die Flaschen und Packungen werden unter der Füllmaschine aufgereiht. Die Milch fließt hinein. Wenn sie voll sind, werden die Flaschen und Packungen verschlossen. Darauf kommt ein Datum. Es gibt an, wie lange die Milch frisch bleibt.

Hinein in die Geschäfte

Lastwagen bringen die Milchpackungen und Milchflaschen zu den Supermärkten. Die Lastwagen sind von innen gekühlt. So bleibt die Milch während der Fahrt kühl.

Diese Milch wird zu einem Supermarkt geliefert.

Kunden suchen sich die Milch aus, die sie haben wollen.

Die Mitarbeiter des Geschäfts verstauen die Milch in den Regalen. Die Regale werden gekühlt. So bleibt die Milch frisch.

Milch, bitte!

Kunden kaufen die Milch und nehmen sie mit nach Hause. Das Geschäft bezahlt die Molkerei, die die Milch verarbeitet und verpackt hat. Die Molkerei bezahlt den Bauern, dessen Kühe die Rohmilch produziert haben.

Viele Menschen trinken gerne Milch.

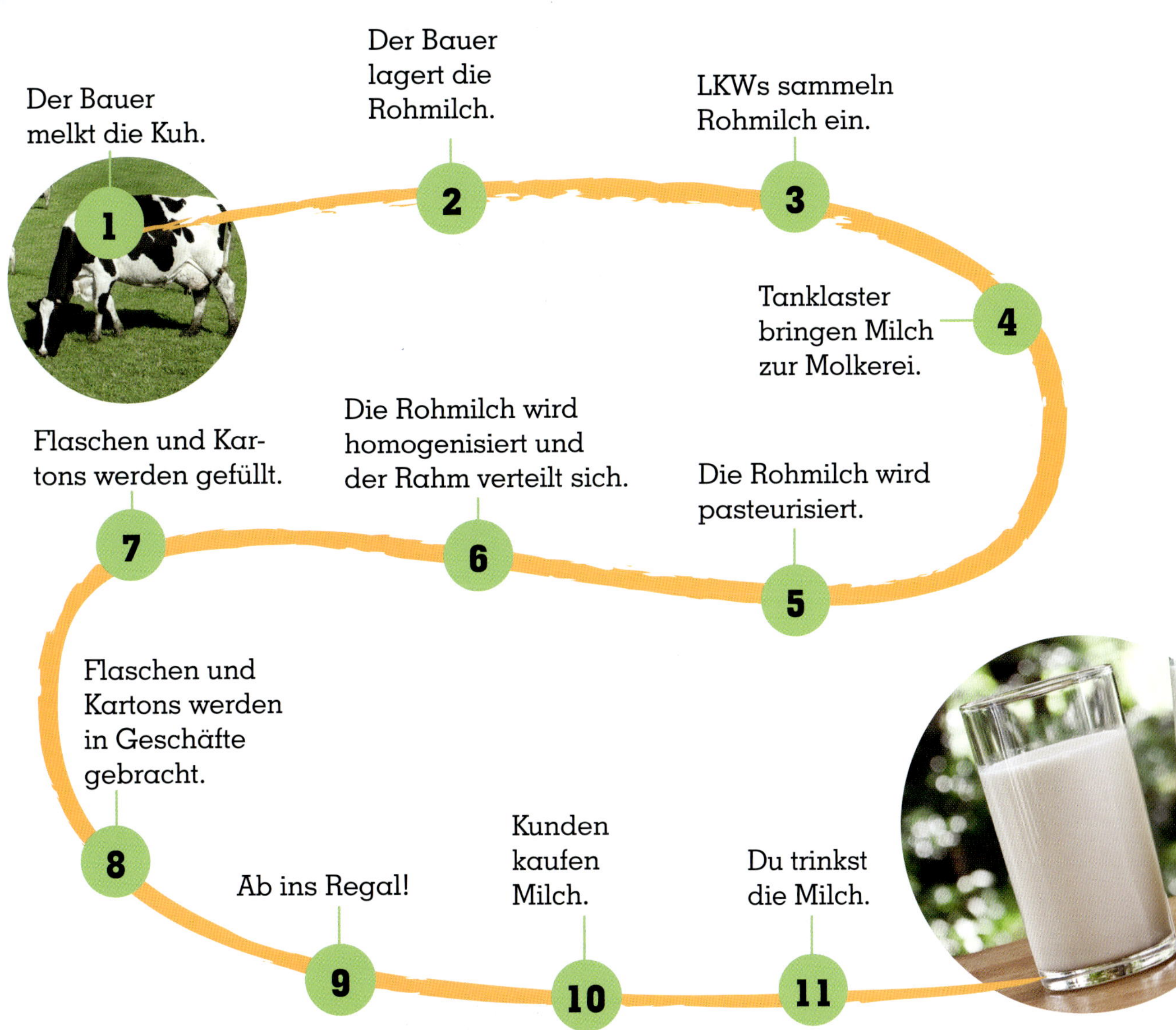

Es dauert nur zwei Tage, bis die Milch vom Euter der Kuh bis in dein Glas gelangt. Kaum zu glauben, dass deine Milch vor Kurzem noch bei einem Bauern war!

Glossar

Bakterien sehr kleine Lebewesen; manche Bakterien sind schädlich, weil sie Krankheiten verursachen

Euter Körperteil der Kuh, aus dem die Milch kommt

Herde eine Gruppe von Kühen

homogenisieren rohe Milch wird so behandelt, dass sich kein Rahm mehr absetzt

Kalzium Stoff, den wir für unsere Knochen und Zähne brauchen

Melkstand Ort, an dem Kühe gemolken werden

Milchkuh Kuh, die Milch produziert

Molkerei Gebäude, in dem die Milch verarbeitet wird

Pasteurisierung Milch wird schnell erhitzt und wieder abgekühlt, um Bakterien darin zu töten

produzieren herstellen

Rasse eine Gruppe von Tieren, die sich zum beispiel in der Fellfarbe von allen anderen Tieren der gleichen Art unterscheidet

Recycling aus alten Materialien etwas Neues machen

Rohmilch Milch, die direkt aus der Kuh kommt

Säugetiere Tiere, bei denen die Weibchen Junge bekommen und sie mit ihrer selbst produzierten Milch füttern

verarbeiten aus einem Produkt etwas anderes machen

Milch-Quiz

1. Wie nennt man eine Kuh, die Milch gibt? (siehe Seite 6)
2. Aus welchem Körperteil der Kuh kommt die Milch? (siehe Seite 10)
3. Was wird beim Pasteurisieren getötet? (siehe Seite 15)
4. Was schwimmt oben auf der Rohmilch? (siehe Seite 16)
5. Wo wird die Milch in Flaschen und Packungen verpackt? (siehe Seite 24)

Erfahre noch mehr!

Auf dieser spannenden Seite findest du alles, was es zum Thema Milch sonst noch zu lernen gibt: www.meine-milch.de

Hier kannst du viele tolle Videos über Kühe und den Weg der Milch ansehen: www.wegedermilch.de/videos/alle-videos.html

Antworten

1. Milchkuh, 2. Euter, 3. schädliche Bakterien, 4. Rahm, 5. in der Molkerei

Index

Unter dem Namen

erscheinen Sachbücher für Kinder von 4 bis 14 Jahren.

Dieses Logo bietet Erstlesern, leseschwachen Kindern und Lehrern und Lehrerinnen online eine zusätzliche Hilfe zu diesem Buch.

Verwenden Sie dafür den Code auf **www.coronalesen.de**

54370